Pfannen-Kuchen

Leckere
Kuchenkreationen
vom Herd

Inhalt

VORWORT

Kuchen backen ohne Backofen – geht nicht? Geht doch! Denn diese leckeren Kuchenkreationen kommen frisch vom Herd! Einfach Teig zusammenrühren, in die Pfanne geben und mit geschlossenem Deckel auf dem Herd backen – fertig! Doch die Pfannen-Kuchen sind nicht nur eine Notlösung für alle, die keinen Backofen besitzen oder keine Lust auf lästiges Vorheizen haben, sondern bieten jedem, der Kuchen mag und etwas Neues ausprobieren will, eine Alternative zu den herkömmlichen Kuchenrezepten aus dem Ofen.

Die Kuchen aus der Pfanne stehen der Backofenvariante übrigens in nichts nach, denn auch hier sind der Fantasie keine Grenzen gesetzt: Meine Kreationen reichen vom fruchtigen Apfelkuchen mit braunem Zucker über schokoladige Brownies bis hin zu Klassikern wie der Donauwelle oder der festlichen Erdbeer-Meringue-Torte. Hier findet jeder Kuchenliebhaber das richtige Rezept – schnell, einfach und ganz ohne Backofen!

Viel Spaß beim Nachbacken, Staunen und Genießen wünscht

Grundwissen

Backen in der Pfanne

Die Kuchen in diesem Buch werden ausschließlich auf dem Herd gebacken. Lediglich für die Zubereitung der Dekoration (z. B. Baiser) ist ein Backofen notwendig. Diese Bestandteile können aber auch fertig gekauft oder weggelassen werden. Die im Buch angegebenen Temperaturen und Wendezeiten gelten für Elektroherde. Bei Gasherden können die Backzeiten je nach Herd variieren. Die Kuchen dann ggf. etwas länger bei niedrigerer Temperatur backen.

Die Pfanne fetten

Damit der Kuchen nicht anbackt, sollte die Pfanne vor dem Einfüllen des Teigs leicht gefettet werden. Dazu die Pfanne mit 1 EL neutralem Speiseöl ausreiben.

Die richtige Pfanne

Damit der Kuchen aus der Pfanne gelingt, empfiehlt sich eine Pfanne aus Gusseisen oder Keramik mit passendem Deckel, damit sich die Wärme während des Backens gleichmäßig verteilen kann. Die Rezepte sind, sofern nicht anders angegeben, für Pfannen mit einem Durchmesser von 28 cm ausgelegt. Die Pfannen-Kuchen können jedoch aber auch in kleineren Pfannen gebacken werden. Die Mengenangaben der Zutaten sollten dann wie folgt angepasst werden.

Größe	28 cm	26 cm	24 cm	22 cm	20 cm
Faktor	x 1	x 0,86	x 0,73	x 0,62	x 0,51

Den Kuchen wenden

Den Kuchen mit dem Pfannenwender an den Seiten etwas ablösen und auf ein mit Backpapier belegtes Kuchengitter stürzen. Einen großen Teller auf den Kuchen legen und das Ganze wenden. Das Backpapier lösen und den Kuchen mit der unfertigen Seite zurück in die Pfanne stürzen.

Erdbeer-Swirl-Kuchen

ZUTATEN: für 12 Stücke

200 g Erdbeeren ● 75 g Butter ● 2 Eier (Größe M) ● 150 g Zucker ● 100 g Buttermilch ● 200 g Mehl ● 1 TL Backpulver ● 1 EL neutrales Speiseöl für die Pfanne ● 2 TL Speisestärke ● 200 g Sahne (optional)

ZUBEREITUNG: 30 Minuten BACKZEIT: 30 Minuten

1. Die Erdbeeren waschen, putzen und pürieren. Die Butter in einem kleinen Topf schmelzen und beiseitestellen.

2. Die Eier mit dem Zucker in einer Schüssel schaumig aufschlagen. Buttermilch und geschmolzene Butter dazugeben. Das Mehl mit dem Backpulver mischen und unterrühren. Eine Pfanne (ø 28 cm) mit Öl fetten, bei mittlerer Temperatur erhitzen und den Teig 5 Minuten backen.

3. In der Zwischenzeit das Erdbeerpüree mit der Speisestärke mischen und aufkochen lassen. Anschließend mit einem Teelöffel Vertiefungen in den Teig formen und mit einem zweiten Teelöffel das Erdbeerpüree hineingeben. Zum Schluss das Erdbeerpüree mit einer Gabel zu Spiralen formen.

4. Den Deckel auf die Pfanne geben und bei mittlerer Temperatur noch 15 Minuten weitergaren. Den Kuchen wenden (siehe Grundwissen) und mit geschlossenem Deckel weitere 10 Minuten backen. Aus der Pfanne nehmen, abkühlen lassen und mit frischen Erdbeeren und evtl. Schlagsahne servieren.

Versunkene Kirschen mit Vanille

ZUTATEN: für 12 Stücke

FÜR DEN TEIG: 1 Glas Kirschen (Abtropfgewicht 200 g) • 100 g Butter, zimmerwarm • 120 g Zucker • 2 Päckchen Vanillezucker • 2 Eier (Größe M) • 200 g Mehl • 1 TL Backpulver • 1 EL neutrales Speiseöl für die Pfanne

FÜR DIE VANILLESAUCE: 1 Päckchen Vanillepuddingpulver • 700 ml Milch • 2 EL Zucker

ZUBEREITUNG: 45 Minuten **BACKZEIT:** 30–35 Minuten

1. Die Kirschen aus dem Glas in einem Sieb abtropfen lassen, dabei den Kirschsaft auffangen. 50 ml Kirschsaft abmessen und beiseitestellen.

2. Für die Vanillesauce den Vanillepudding nach Packungsanleitung, jedoch mit 700 ml Milch und 2 EL Zucker zubereiten. In eine Schüssel geben, mit Frischhaltefolie abdecken, damit sich keine Haut bildet, und abkühlen lassen.

3. Für den Teig Butter, Zucker und Vanillezucker in einer Schüssel schaumig schlagen. Die Eier nacheinander unterrühren. Das Mehl mit dem Backpulver mischen, zusammen mit 50 ml Kirschsaft zur Eiermischung geben und kurz unterrühren.

4. Eine Pfanne (ø 28 cm) mit Öl fetten und bei mittlerer Temperatur erhitzen. Den Teig in die Pfanne geben, die Kirschen darauf verteilen und in den Teig drücken. Den Deckel auflegen und bei mittlerer Temperatur etwa 5 Minuten backen. Die Temperatur reduzieren und weitere 20 Minuten backen. Dann den Kuchen wenden (siehe Grundwissen) und bei mittlerer Temperatur mit geschlossenem Deckel 5–10 Minuten fertig backen.

5. Den Kirschkuchen auf ein Kuchengitter stürzen, etwas abkühlen lassen und mit der Vanillesauce servieren.

Ananas-Kokos-Kuchen

ZUTATEN: für 8 Stücke

5 Scheiben Ananas (frisch oder aus der Dose) • 80 g Butter •
100 g Zucker + 4 EL zum Karamellisieren • 2 Eier (Größe M) • 50 g Kokosraspel • 150 g Mehl
• 1 TL Backpulver • 70 ml Kokosmilch (aus der Dose) • 1 EL neutrales Speiseöl für die Pfanne

ZUBEREITUNG: 30 Minuten **BACKZEIT:** 40 Minuten

1. Die frische Ananas schälen und in etwa 1 cm dicke Scheiben schneiden, den harten Teil in der Mitte entfernen. Alternativ Ananasscheiben aus der Dose in einem Sieb abtropfen lassen.

2. Die Butter in einem kleinen Topf mit 100 g Zucker langsam schmelzen. Die Mischung in eine Rührschüssel geben und etwas abkühlen lassen.

3. Die Eier nacheinander unter die Butter-Zucker-Mischung rühren. Die Kokosraspel mit dem Mehl und dem Backpulver mischen und zusammen mit der Kokosmilch unterrühren.

4. Eine Pfanne (ø 24 cm) mit Öl fetten und bei mittlerer Temperatur erhitzen. Die Ananasscheiben darin gleichmäßig verteilen, am Rand ggf. halbieren. Etwa 5 Minuten braten, danach wenden.

5. Den Teig über den Ananasscheiben verteilen und den Deckel auf die Pfanne setzen. Etwa 5 Minuten bei mittlerer Temperatur backen. Danach 25 Minuten bei niedriger Temperatur backen. Den Deckel abnehmen und erneut 5 Minuten backen.

6. Den Kuchen auf ein Kuchengitter stürzen, sodass die Ananasscheiben oben liegen. 4 EL Zucker daraufstreuen und mit dem Flambierbrenner leicht karamellisieren. Vor dem Servieren etwas abkühlen lassen.

Aprikosenkuchen
mit Orangenzucker

ZUTATEN: für 12 Stücke

FÜR DEN TEIG: 10–12 Aprikosen • 100 g Butter • 3 Eier (Größe M) • 100 g Zucker • 2 Päckchen Vanillezucker • 280 g Mehl • 1 TL Backpulver • 2 EL Crème fraîche • 1 EL neutrales Speiseöl für die Pfanne

FÜR DEN ORANGENZUCKER: 2 Bio-Orangen • 200 g Zucker

ZUBEREITUNG: 45 Minuten BACKZEIT: 45 Minuten

1. Für den Orangenzucker die Orangen heiß abwaschen und trocken reiben. Die Schale abreiben. Den Zucker mit dem Orangenabrieb vermischen, in ein luftdichtes Behältnis füllen und über Nacht ziehen lassen.

2. Die Aprikosen waschen, trocken tupfen, halbieren und entsteinen. Die Butter in einem kleinen Topf schmelzen und beiseitestellen.

3. Für den Teig die Eier mit Zucker und Vanillezucker in einer Schüssel schaumig aufschlagen. Das Mehl mit dem Backpulver mischen und mit der geschmolzenen Butter und der Crème fraîche unterrühren.

4. Eine Pfanne (ø 28 cm) mit Öl fetten und bei mittlerer Temperatur erhitzen. Den Teig in die Pfanne geben und mit der Hälfte des Orangenzuckers bestreuen.

5. Die Aprikosenhälften mit der Schnittfläche nach unten auf den Teig setzen und leicht festdrücken. Den Deckel auf die Pfanne setzen und etwa 5 Minuten backen. Anschließend bei niedriger Temperatur mit geschlossenem Deckel 35 Minuten backen, dann vorsichtig wenden (siehe Grundwissen) und nochmals 5 Minuten bei mittlerer Temperatur backen.

6. Den Kuchen auf eine Platte stürzen, mit dem restlichen Orangenzucker bestreuen und auskühlen lassen. Schmeckt frisch am besten.

TIPP: Statt selbst gemachtem Orangenzucker kann man auch fertigen Orangenzucker verwenden.

TIPP: Mit TK-Heidelbeeren oder Heidelbeeren aus dem Glas gelingt das Rezept genauso gut.

Heidelbeer-Kuchen

ZUTATEN: für 12 Stücke

FÜR DEN TEIG: 100 g Butter ● 160 g Zucker ● 3 Eier (Größe M) ● 100 g Mandeln, gemahlen ● 100 g Mehl ● 1 TL Backpulver ● 50 ml Milch ● 1 TL Vanilleextrakt ● 1 EL neutrales Speiseöl für die Pfanne ● 100 g Heidelbeeren

FÜR DIE CREME: 50 g Heidelbeeren ● 200 g Frischkäse (Doppelrahmstufe), zimmerwarm ● 100 g Puderzucker

ZUBEREITUNG: 45 Minuten **BACKZEIT:** 35–40 Minuten

1. Für den Teig Butter und Zucker in einer Schüssel aufschlagen. Die Eier nacheinander unterrühren. Die Mandeln mit dem Mehl und dem Backpulver mischen. Die Mehl-Mandel-Mischung mit der Milch und dem Vanilleextrakt unterrühren, bis eine glatte Masse entsteht.

2. Eine Pfanne (ø 28 cm) mit Öl fetten und bei mittlerer Temperatur erwärmen. Den Teig in die Pfanne geben, die Heidelbeeren darauf verteilen und leicht andrücken.

3. Den Deckel auf die Pfanne setzen und bei mittlerer Temperatur etwa 10 Minuten backen. Danach bei niedriger Temperatur mit geschlossenem Deckel 20 Minuten backen. Den Kuchen wenden (siehe Grundwissen) und auf mittlerer Temperatur 5–10 Minuten durchbacken. Auf ein Kuchengitter stürzen und auskühlen lassen.

4. In der Zwischenzeit die Creme zubereiten. Dazu die Heidelbeeren in einem kleinen Topf unter Rühren aufkochen und durch ein Sieb streichen, sodass eine feine dunkellila Masse entsteht. Den Frischkäse mit der Heidelbeermasse und dem Puderzucker verrühren.

5. Den ausgekühlten Boden wenden und die Heidelbeercreme mit einem Teigspatel auf dem Boden verteilen, ggf. einen Tortenring zu Hilfe nehmen. Sofort servieren.

Mandelkuchen mit Pflaumenröster

ZUTATEN: für 12 Stücke

FÜR DEN TEIG: 1 Bio-Orange ● 200 g Butter, zimmerwarm ● 150 g Zucker ● 4 Eier (Größe M) ● 200 g Mandeln, geschält und gemahlen ● 50 g Mehl ● 1 TL Backpulver ● 1 EL neutrales Speiseöl für die Pfanne
FÜR DEN PFLAUMENRÖSTER: 500 g Pflaumen ● 100–150 g Zucker (je nach Süße der Pflaumen)
● 200 ml Rotwein ● 1 Zitrone ● 1 Zimtstange ● 2 Sternanis ● 1 EL Speisestärke

ZUBEREITUNG: 45 Minuten **BACKZEIT:** 40–50 Minuten

1. Die Orange heiß abwaschen, trocken reiben und die Hälfte der Schale abreiben. Die Orange auspressen und 5 EL Saft sowie den Abrieb beiseitestellen. Die Zitrone auspressen.

2. Für den Teig Butter und Zucker schaumig schlagen. Die Eier nacheinander unterrühren. Die Mandeln mit Mehl und Backpulver mischen und mit Orangenschale und -saft unter den Teig rühren.

3. Eine Pfanne (ø 28 cm) mit Öl fetten und bei mittlerer Temperatur erhitzen. Den Teig in die Pfanne geben, den Deckel auflegen und den Mandelkuchen bei mittlerer Temperatur 10 Minuten backen. Weitere 25–35 Minuten bei niedriger Temperatur mit geschlossenem Deckel backen, bis der Kuchen oben fest ist. Den Kuchen wenden (siehe Grundwissen) und 5 Minuten bei mittlerer Temperatur durchbacken. Auf ein Kuchengitter stürzen und auskühlen lassen.

4. Für den Pflaumenröster die Pflaumen waschen, entsteinen und achteln. Den Zucker in einem Topf bei mittlerer Temperatur langsam goldbraun karamellisieren, dann mit Rotwein ablöschen. Die Flüssigkeit köcheln lassen, bis sich der Zucker gelöst hat. Anschließend Zitronensaft, Sternanis und Zimtstange zugeben und erneut aufkochen.

5. Die Pflaumen dazugeben und bei mittlerer Temperatur offen 10–15 Minuten kochen, bis die Pflaumen weich sind. Die Speisestärke mit etwas kaltem Wasser mischen. Das Kompott mit der Speisestärke binden und nochmals aufkochen. Den Mandelkuchen mit dem lauwarmen Pflaumenröster servieren.

TIPP: *Für eine alkoholfreie Variante kann man auch Pflaumensaft statt Rotwein für den Pflaumenröster verwenden.*

Beeren-Crumble

ZUTATEN: für 6 Portionen

FÜR DIE STREUSEL: 200 g Butter, kalt ● 150 g Mehl ● 100 g brauner Zucker
● 60 g Mandeln, gemahlen ● 1 TL Backpulver ● 1 Prise Zimt ● 1 Prise Salz
FÜR DIE FRUCHTFÜLLUNG: 650 g gemischte Beeren ● 100 g Zucker
● 1 Päckchen Vanillezucker ● 1 Limette ● 1 EL Butter für die Pfanne

ZUBEREITUNG: 20 Minuten **BACKZEIT:** 50–60 Minuten

1. Die Limette auspressen. Für die Frucht-füllung die Beeren mit Zucker, Vanille-zucker und dem Saft der Limette in einer Schüssel mischen. Eine Pfanne (ø 28 cm) mit Butter fetten und die Fruchtfüllung in die Pfanne geben.

2. Für die Streusel die kalte Butter mit Mehl, Zucker, Mandeln, Backpulver, Zimt und Salz in einer Schüssel gut verkneten und mithilfe einer Gabel zu Streuseln zerdrücken. Die Streusel auf der Beerenfüllung verteilen.

3. Die Pfanne auf den Herd stellen, den Deckel auflegen und auf niedriger Temperatur 50–60 Minuten backen, bis die Streusel gar sind. Vom Herd nehmen, etwas abkühlen lassen und am besten lauwarm aus der Pfanne verzehren.

TIPP: *Wer möchte, kann die Streusel mit einem Flambierbrenner nachbräunen. Schlag-sahne dazu reichen.*

Karamellisierte Apfeltarte

ZUTATEN: für 12 Stücke

100 g Butter • 3 Eier (Größe M) • 150 g Zucker • 270 g Mehl • 1 TL Backpulver • 50 ml Milch
• 1–2 Äpfel (Sorte nach Wunsch) • 1 EL neutrales Speiseöl für die Pfanne • 2 EL brauner Zucker

ZUBEREITUNG: 30 Minuten **BACKZEIT:** 40 Minuten

1. Die Butter in einem kleinen Topf schmelzen und beiseitestellen. Die Eier mit dem Zucker in einer Schüssel schaumig aufschlagen, anschließend die flüssige Butter dazugeben. Das Mehl mit dem Backpulver mischen und mit der Milch kurz unterrühren.

2. Die Äpfel waschen, das Kerngehäuse entfernen und das Fruchtfleisch in dünne Streifen schneiden. Eine Pfanne (ø 28 cm) mit Öl fetten und bei mittlerer Temperatur erhitzen. Die Äpfel in der Pfanne verteilen, mit Teig bedecken und mit geschlossenem Deckel 15 Minuten bei mittlerer Temperatur backen. Weitere 15 Minuten bei niedriger Temperatur garen.

3. Den Kuchen wenden (siehe Grundwissen) und die Äpfel mit braunem Zucker bestreuen. Weitere 10 Minuten backen.

4. Den Kuchen in der Pfanne abkühlen lassen, bis der Zucker nicht mehr flüssig ist. Anschließend vorsichtig mit dem Pfannenheber aus der Pfanne nehmen und auskühlen lassen.

TIPP: *Die Äpfel wirken mit Schale sehr dekorativ, können aber auch geschält werden.*

Himbeerkuchen
mit Baisertupfen

ZUTATEN: für 12 Stücke

FÜR DAS BAISER: 2 Eiweiß ● 1 Prise Salz ● 80 g Zucker

FÜR DEN TEIG: 100 g Himbeeren ● 100 g Butter ● 150 g Zucker ● 2 Päckchen Vanillezucker
● 3 Eier (Größe M) ● 300 g Mehl ● 1 TL Backpulver ● 50 ml Milch
● 1 EL neutrales Speiseöl für die Pfanne

ZUBEREITUNG: 45 Minuten **BACKZEIT:** 30 Minuten + 1 Stunde für das Baiser

1. Für das Baiser den Backofen auf 120 °C Ober- und Unterhitze vorheizen und ein Backblech mit Backpapier auslegen. Die Eiweiße mit dem Salz in einer Schüssel aufschlagen, dabei langsam den Zucker einrieseln lassen, bis die Masse glänzt. Die Eiweißmischung in einen Spritzbeutel geben und Tupfen auf das Backblech spritzen. Auf mittlerer Schiene 60 Minuten trocknen lassen.

2. Die Himbeeren pürieren und beiseitestellen. Für den Boden die Butter mit dem Zucker und dem Vanillezucker schaumig schlagen und langsam die Eier unterrühren. Das Mehl mit dem Backpulver mischen und zusammen mit der Milch und dem Himbeerpüree unterrühren.

3. Eine Pfanne (ø 28 cm) mit Öl fetten, den Teig für den Boden hineingeben und bei mittlerer Temperatur 15 Minuten mit geschlossenem Deckel backen. Weitere 10 Minuten bei niedriger Temperatur weiterbacken. Dann wenden (siehe Grundwissen) und nochmals mit geschlossenem Deckel 5 Minuten backen.

4. Den Kuchen auf ein Kuchengitter stürzen, abkühlen lassen und mit den Baisertupfen dekorieren.

TIPP: *Statt Baisertupfen selbst zu machen, kann man auch fertige kaufen.*

Schneller Schokoladenkuchen

ZUTATEN: für 12 Stücke

150 g Butter • 125 g Zucker • 3 Eier (Größe M) • 150 g Mehl • 50 g Kakaopulver • 50 g Mandeln, gemahlen • 1 TL Backpulver • 50 ml Milch • 1 EL neutrales Speiseöl für die Pfanne

ZUBEREITUNG: 15 Minuten **BACKZEIT:** 30–40 Minuten

1. Die Butter mit dem Zucker in einer Schüssel schaumig aufschlagen. Die Eier nacheinander unterrühren.

2. Das Mehl mit dem Kakaopulver, den Mandeln und dem Backpulver mischen und mit der Milch unter die Eiermischung rühren.

3. Eine Pfanne (ø 28 cm) mit Öl fetten und bei mittlerer Temperatur erhitzen. Den Teig in die Pfanne geben, den Deckel auflegen und etwa 10 Minuten backen. Danach bei niedriger Temperatur mit geschlossenem Deckel 20–30 Minuten fertig backen.

4. Den Schokokuchen auf ein Kuchengitter stürzen und am besten noch lauwarm servieren.

TIPP: *Der Schokokuchen schmeckt besonders gut mit Vanilleeis.*

Nusskuchen mit Ahornsirup

ZUTATEN: für 12 Stücke

FÜR DEN TEIG: 300 g gemischte Nüsse (z. B. Walnüsse, Haselnüsse, Paranüsse)
● 150 g Butter ● 150 g Zucker ● 4 Eier (Größe M) ● 100 g Zartbitterschokolade ● 80 g Mehl
● 1 TL Backpulver ● 1 EL neutrales Speiseöl für die Pfanne
FÜR DIE CREME: 200 g Butter, zimmerwarm ● 100 g Puderzucker ● 100 g Sahne, zimmerwarm
● 150 g Frischkäse (Doppelrahmstufe), zimmerwarm ● 4 EL Ahornsirup

ZUBEREITUNG: 1 Stunde 15 Minuten **BACKZEIT:** 40 Minuten
KÜHLZEIT: 30 Minuten

1. Für den Teig die Nüsse mit dem Blitzhacker fein mahlen. Butter und Zucker schaumig schlagen. Die Eier nacheinander unterrühren.

2. Die Zartbitterschokolade grob hacken, mit dem Mehl und dem Backpulver mischen und unter den Teig rühren.

3. Eine Pfanne (⌀ 28 cm) mit Öl fetten und bei mittlerer Temperatur erhitzen. Den Teig in die Pfanne geben, den Deckel auflegen und bei mittlerer Temperatur etwa 5 Minuten backen. Danach bei niedriger Temperatur mit geschlossenem Deckel weitere 25 Minuten backen. Den Kuchen wenden (siehe Grundwissen) und nochmals 10 Minuten bei mittlerer Temperatur backen. Den Kuchen auf ein Kuchengitter stürzen und komplett auskühlen lassen.

4. In der Zwischenzeit die Creme zubereiten. Dazu Butter und Puderzucker in einer Schüssel schaumig aufschlagen, bis eine helle Masse entsteht. Die Sahne, den Frischkäse und den Ahornsirup esslöffelweise unterrühren. Dazwischen immer wieder gut rühren, damit die Creme nicht gerinnt.

5. Die fertige Creme in einen Spritzbeutel geben und mit einer Sterntülle kleine Sternchen auf den Kuchen spritzen. 30 Minuten im Kühlschrank fest werden lassen und sofort servieren.

TIPP: *Wer möchte, kann den Kuchen noch mit Schokostreuseln und Ahornsirup dekorieren.*

Bananenbrot mit Walnüssen

ZUTATEN: für 12 Stücke

FÜR DEN TEIG: 120 g Butter ● 2 Eier (Größe M) ● 60 g brauner Zucker ● 60 g weißer Zucker
● 2 Bananen, geschält und zerdrückt ● 230 g Mehl ● 1 TL Backpulver ● 70 g Walnüsse
● 1 EL neutrales Speiseöl für die Pfanne
FÜR DIE CREME: 50 g Butter, zimmerwarm ● 70 g Puderzucker
● 250 g Frischkäse (Doppelrahmstufe), zimmerwarm

ZUBEREITUNG: 30 Minuten **BACKZEIT:** 30 Minuten
KÜHLZEIT: 30 Minuten

1. Für den Teig die Butter in einem kleinen Topf schmelzen und beiseitestellen. Die Eier mit weißem und braunem Zucker in einer Schüssel schaumig aufschlagen. Die Bananen unterrühren. Das Mehl mit dem Backpulver mischen und unter den Teig rühren. Zum Schluss die Walnüsse vorsichtig unterheben.

2. Eine Pfanne (ø 28 cm) mit Öl fetten und bei mittlerer Temperatur erhitzen. Den Teig in die Pfanne geben, den Deckel auflegen und bei mittlerer Temperatur etwa 5 Minuten backen. Die Temperatur reduzieren und weitere 20 Minuten backen. Den Kuchen wenden (siehe Grundwissen) und nochmals 5 Minuten bei mittlerer Temperatur backen. Den Kuchen auf ein Kuchengitter stürzen und auskühlen lassen.

3. In der Zwischenzeit die Creme zubereiten. Dazu Butter und Puderzucker in einer Schüssel schaumig aufschlagen, bis eine helle Masse entsteht. Den Frischkäse esslöffelweise unterrühren. Dazwischen immer wieder gut rühren, damit die Creme nicht gerinnt.

4. Die fertige Creme auf den Kuchen streichen, 30 Minuten im Kühlschrank fest werden lassen und servieren.

Karamellkuchen
mit Schokolade

ZUTATEN: für 12 Stücke

3 Äpfel (Sorte nach Wunsch) ● 1 Zitrone ● 100 g Zartbitterschokolade ● 150 g Butter
● 4 Eier (Größe M) ● 200 g Mehl ● 1 TL Backpulver ● 200 g Karamellcreme + etwas zum Servieren
● 50 ml Milch ● 1 EL neutrales Speiseöl für die Pfanne ● etwas Puderzucker zum Bestäuben

ZUBEREITUNG: 45 Minuten BACKZEIT: 35–40 Minuten

1. Die Äpfel waschen, schälen und in Stücke schneiden. Die Zitrone auspressen und die Äpfel mit dem Saft beträufeln.

2. Die Zartbitterschokolade hacken und über dem heißen Wasserbad schmelzen. Die Butter in einem kleinen Topf schmelzen und beiseitestellen.

3. Die Eier in einer Schüssel schaumig aufschlagen. Das Mehl mit dem Backpulver mischen und mit der Karamellcreme und der Milch zu den Eiern geben. Zum Schluss die Butter und die Zartbitterschokolade unterrühren.

4. Eine Pfanne (ø 28 cm) mit Öl fetten und bei mittlerer Temperatur erhitzen. Den Teig in die Pfanne geben. Die Äpfel auf den Teig legen und gut hineindrücken. Den Deckel auf die Pfanne setzen und bei mittlerer Temperatur etwa 10 Minuten backen. Anschließend bei niedriger Temperatur mit geschlossenem Deckel 25–30 Minuten garen, bis der Teig durchgebacken ist.

5. Den Karamellkuchen auf ein Kuchengitter stürzen und auskühlen lassen. Mit Puderzucker bestäuben und mit der restlichen Karamellcreme servieren.

American Brownie
extra schokoladig

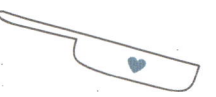

ZUTATEN: für 12 Stücke

200 g Zartbitterschokolade ● 150 g Butter ● 3 Eier (Größe M) ● 150 g Zucker ● 100 g Mehl
● 60 g Kakaopulver + 4 EL zum Bestäuben ● 1 TL Backpulver ● 1 Prise Salz
● 1 EL neutrales Speiseöl für die Pfanne

ZUBEREITUNG: 30 Minuten **BACKZEIT:** 25 Minuten

1. Die Schokolade mit der Butter unter Rühren in einem kleinen Topf schmelzen und beiseitestellen.

2. Die Eier mit dem Zucker in einer Schüssel schaumig aufschlagen, bis eine helle Masse entsteht. Das Mehl mit dem Kakaopulver und dem Backpulver mischen und zusammen mit dem Salz und der Schoko-Butter-Mischung unterrühren.

3. Eine Pfanne (ø 28 cm) mit Öl fetten und bei mittlerer Temperatur erhitzen. Den Teig in die Pfanne geben, den Deckel auflegen und bei mittlerer Temperatur etwa 5 Minuten backen. Bei niedriger Temperatur mit geschlossenem Deckel weitere 20 Minuten backen. In der Pfanne auskühlen lassen.

4. Auf eine Kuchenplatte stürzen, in rechteckige Stücke schneiden und mit Kakaopulver bestäuben.

American Blondie
mit Macadamia-Nüssen

ZUTATEN: für 12 Stücke

200 g weiße Schokolade + 100 g zum Dekorieren ● 150 g Butter ● 4 Eier (Größe M)
● 200 g Zucker ● 200 g Mehl ● 1 TL Backpulver ● 50 g weiße Schokotropfen
● 100 g Macadamia-Nüsse ● 1 EL neutrales Speiseöl für die Pfanne

ZUBEREITUNG: 45 Minuten BACKZEIT: 25 Minuten

1. 200 g weiße Schokolade zusammen mit der Butter unter Rühren in einem kleinen Topf schmelzen und beiseitestellen.

2. Die Eier mit dem Zucker in einer Schüssel schaumig aufschlagen, bis eine helle Masse entsteht. Das Mehl mit dem Backpulver mischen und zusammen mit der Schoko-Butter-Mischung unter den Teig rühren. Zum Schluss die Schokotropfen und die Macadamia-Nüsse vorsichtig unterheben.

3. Eine Pfanne (ø 28 cm) mit Öl fetten und bei mittlerer Temperatur erhitzen. Den Teig in die Pfanne geben und bei mittlerer Temperatur mit geschlosenem Deckel etwa 5 Minuten backen. Bei niedriger Temperatur mit geschlossenem Deckel weitere 20 Minuten backen. In der Pfanne auskühlen lassen.

4. Auf eine Kuchenplatte stürzen und in rechteckige Stücke schneiden. Die restliche weiße Schokolade langsam schmelzen und mit einer Gabel über den Blondies verteilen.

TIPP: *Wer es weniger minzig mag, kann die zusätzliche Minzglasur auch weglassen.*

Schoko-Minz-Kuchen

ZUTATEN: für 12 Stücke

FÜR DEN TEIG: 100 g Butter • 15 Schoko-Minz-Täfelchen • 3 Eier (Größe M) • 150 g Zucker • 200 g Mehl • 50 g Kakaopulver • 2 TL Backpulver • 3 EL saure Sahne • 1 EL neutrales Speiseöl für die Pfanne

FÜR DIE MINZGLASUR: 2 EL Minzsirup • 200 g Puderzucker

ZUBEREITUNG: 30 Minuten **BACKZEIT:** 30 Minuten

1. Die Butter mit den Schoko-Minz-Tafeln in einem kleinen Topf bei mittlerer Temperatur schmelzen und beiseitestellen.

2. Für den Teig die Eier mit dem Zucker in einer Schüssel schaumig aufschlagen. Das Mehl mit dem Kakaopulver und dem Backpulver mischen und zusammen mit der sauren Sahne unter die Eiermischung rühren. Zum Schluss die Butter-Minz-Mischung unterrühren.

3. Eine Pfanne (ø 28 cm) mit Öl fetten und den Teig darin bei mittlerer Temperatur mit geschlossenem Deckel 20 Minuten backen. Den Kuchen wenden (siehe Grundwissen) und bei niedriger Temperatur nochmals 10 Minuten mit geschlossenem Deckel backen. Auf ein Kuchengitter stürzen und auskühlen lassen.

4. Für die Minzglasur den Minzsirup mit dem Puderzucker verrühren und über den Kuchen geben. Fest werden lassen und servieren.

Fein & festlich

Schichttorte mit Lemon Curd

ZUTATEN: für 8 Stücke

FÜR DEN TEIG: 300 g Butter • 6 Eier (Größe M) • 300 g Zucker • 350 g Mehl
• 3 TL Backpulver • 50 ml Milch • 1 EL neutrales Speiseöl für die Pfanne
FÜR DIE BUTTERCREME: 200 g Butter, zimmerwarm • 150 g Puderzucker
• 250 g Mascarpone, zimmerwarm • 200 g Lemon Curd • 2 Bio-Zitronen

ZUBEREITUNG: 1 Stunde **BACKZEIT:** 1 Stunde 30 Minuten
KÜHLZEIT: 1 Stunde

1. Für den Teig die Butter in einem Topf schmelzen und beiseitestellen. Eier und Zucker schaumig aufschlagen, bis eine helle Masse entsteht. Mehl und Backpulver mischen und mit der geschmolzenen Butter und der Milch unterrühren.

2. Eine Pfanne (ø 24 cm) mit Öl fetten und bei mittlerer Temperatur erhitzen. Ein Drittel des Teigs abwiegen, in die Pfanne geben und bei mittlerer Temperatur mit geschlossenem Deckel etwa 10 Minuten backen. Die Temperatur reduzieren und weitere 15 Minuten backen. Wenden (siehe Grundwissen) und nochmals 5 Minuten backen. Den Boden auf ein Kuchengitter stürzen. Die beiden anderen Böden genauso backen.

3. Für die Buttercreme die Butter mit dem Puderzucker in einer Schüssel schaumig aufschlagen, bis eine weiße Masse entsteht. Den Mascarpone esslöffelweise unterrühren, damit die Creme nicht gerinnt. Zum Schluss 100 g Lemon Curd unterrühren. Die Creme kühl stellen.

4. Auf zwei Tortenböden das restliche Lemon Curd (2 cm am Rand freilassen) und darauf je ein Viertel der Creme verteilen. Aufeinandersetzen. Den dritten Boden daraufsetzen und die Torte rundherum mit der restlichen Creme bestreichen.

5. Die Torte 1 Stunde kühl stellen. Vor dem Servieren mit Zitronenscheiben dekorieren.

Red Velvet Cake

ZUTATEN: für 12 Stücke

FÜR DEN TEIG: 150 g Butter • 150 g Zucker • 4 Eier (Größe M) • 200 g Mehl • 50 g Kakaopulver • 1 TL Backpulver • ½ TL Natron • 1 TL Weißweinessig • 1 Vanilleschote • 100 ml Buttermilch • 2 TL Lebensmittelfarbe in Rot • 1 EL neutrales Speiseöl für die Pfanne
FÜR DIE CREME: 200 g Butter, zimmerwarm • 150 g Puderzucker • 200 g Frischkäse, zimmerwarm

ZUBEREITUNG: 30 Minuten **BACKZEIT:** 30 Minuten

1. Für den Teig die Butter und den Zucker in einer Schüssel schaumig aufschlagen. Die Eier nacheinander unterrühren, dabei mindestens 1 Minute pro Ei rühren, damit der Teig nicht gerinnt.

2. Das Mehl mit dem Kakaopulver, dem Backpulver und Natron mischen. Die Hälfte der Mischung mit dem Weißweinessig unter die Eiermischung rühren.

3. Die Vanilleschote längs halbieren, das Mark herauskratzen und unter den Teig rühren. Die Buttermilch mit der Lebensmittelfarbe mischen, sodass sie eine tiefrote Farbe bekommt. Zusammen mit der zweiten Hälfte der Mehlmischung unterrühren.

4. Eine Pfanne (ø 28 cm) mit Öl fetten und bei mittlerer Temperatur erhitzen. Den Teig in die Pfanne geben, den Deckel auflegen und bei mittlerer Temperatur etwa 5 Minuten backen. Bei niedriger Temperatur mit geschlossenem Deckel weitere 20 Minuten backen. Den Boden wenden (siehe Grundwissen) und 5 Minuten bei mittlerer Temperatur fertig backen. Auf ein Kuchengitter stürzen und auskühlen lassen.

5. Für die Buttercreme die Butter mit dem Puderzucker in einer Schüssel schaumig aufschlagen, bis sich der Puderzucker gelöst hat. Den Frischkäse esslöffelweise unterrühren, bis eine homogene Masse entstanden ist. Den Kuchen mit der Creme bestreichen.

Pfannen-Kuchen aus dem Kühlschrank

ZUTATEN: für 12 Stücke

FÜR DEN BODEN: 200 g Butterkekse • 70 g Butter
FÜR DIE CREME: 6 Blatt Gelatine • 600 g Frischkäse (Doppelrahmstufe) • 250 g Puderzucker
• 300 g Sahne • 1 Zitrone • 200 g weiße Schokolade • 200 g gemischte Beeren

ZUBEREITUNG: 25 Minuten **KÜHLZEIT:** 3 Stunden

1. Für die Creme die Gelatine nach Packungsanleitung in kaltem Wasser einweichen. Die Zitrone auspressen.

2. Frischkäse mit Puderzucker, 250 g Sahne und Zitronensaft in einer Schüssel cremig schlagen.

3. Die restliche Sahne in einem Topf erhitzen (nicht kochen). Die Gelatine unterrühren und auflösen. Die Mischung langsam unter die Frischkäsemasse rühren.

4. Eine Pfanne (ø 28 cm) mit Frischhaltefolie auslegen und die Frischkäsemasse darin verteilen. 3 Stunden kühl stellen.

5. Für den Boden einen Tortenring auf den Pfannendurchmesser einstellen und auf ein Brett mit Frischhaltefolie stellen. Die Butterkekse fein zerbrö-seln. Die Butter in einem Topf schmelzen und mit den Keksen vermischen. Die Mischung in dem Ring verteilen und festdrücken. Bis zum Ende der Kühlzeit der Creme ins Gefrierfach stellen.

6. Den gefrorenen Boden mithilfe eines Tortenhebers auf die Creme in der Pfanne schieben. Die Torte auf den Tortenheber stürzen. Auf einen Teller gleiten lassen und die Frischhaltefolie abziehen.

7. Die weiße Schokolade über dem heißen Wasserbad schmelzen und auf der Torte verteilen. Die Torte zum Schluss mit Beeren dekorieren.

Sachertorte

ZUTATEN: für 12 Stücke

FÜR DEN TEIG: 225 g Butter, zimmerwarm • 200 g Zucker • 6 Eier (Größe M)
• 400 g Mehl • 1 ½ TL Backpulver • 5 EL Kakaopulver • 1 Prise Salz
• 1 EL neutrales Speiseöl für die Pfanne
FÜR DEN BELAG: 6 EL Aprikosenkonfitüre • 300 g Zartbitterkuvertüre

ZUBEREITUNG: 45 Minuten **BACKZEIT:** 25 Minuten

1. Für den Teig die Eier trennen und beiseitestellen. Die Butter in einer Schüssel schaumig schlagen, dabei den Zucker langsam einrieseln lassen. Die Eigelbe nach und nach unterrühren. Das Mehl mit dem Backpulver und dem Kakaopulver mischen und ebenfalls unterrühren.

2. Die Eiweiße mit einer Prise Salz steif schlagen und in drei Portionen vorsichtig unter den Teig heben.

3. Eine Pfanne (ø 28 cm) mit Öl fetten und den Teig hineingeben. Den Deckel auf die Pfanne setzen und bei mittlerer Temperatur 20 Minuten backen. Wenden (siehe Grundwissen) und weitere 5 Minuten mit geschlossenem Deckel backen. Auf ein Kuchengitter stürzen und auskühlen lassen.

4. Für den Belag die Aprikosenkonfitüre in einem Topf erwärmen und auf die Sachertorte streichen.

5. Die Kuvertüre über dem Wasserbad schmelzen und den Kuchen mit dem Guss überziehen. Mit einer Winkelpalette glatt streichen und abkühlen lassen.

TIPP: *Die Sachertorte schmeckt noch besser, wenn man sie einen Tag lang ziehen lässt.*

Erdbeer-Meringue-Torte

ZUTATEN: für 12 Stücke

FÜR DEN TEIG: 50 g Butter • 3 Eier (Größe M) • 100 g Zucker • 1 Päckchen Vanillezucker • 150 g Mehl • 1 TL Backpulver • 1 EL neutrales Speiseöl für die Pfanne

FÜR DEN BELAG: 3 EL Erdbeerkonfitüre • 300 g Erdbeeren

FÜR DAS BAISER: 3 Eiweiß • 1 Prise Salz • 100 g Zucker

ZUBEREITUNG: 45 Minuten **BACKZEIT:** 35 Minuten

1. Für den Teig die Butter in einem kleinen Topf schmelzen und beiseitestellen. Die Eier mit dem Zucker und dem Vanillezucker in einer Schüssel schaumig rühren. Das Mehl mit dem Backpulver mischen und zusammen mit der flüssigen Butter unter die Eiermischung rühren.

2. Eine Pfanne (ø 28 cm) mit Öl fetten. Den Teig in die Pfanne geben, den Deckel auflegen und bei mittlerer Temperatur 15 Minuten backen. Den Boden wenden (siehe Grundwissen) und nochmals 10 Minuten backen. Auf ein Kuchengitter stürzen und auskühlen lassen.

3. Den Boden mit Erdbeerkonfitüre bestreichen. Die Erdbeeren waschen, putzen, halbieren und auf dem Boden verteilen.

4. Für das Baiser die Eiweiße mit dem Salz steif schlagen, dabei den Zucker langsam einrieseln lassen. Weiterschlagen, bis die Masse glänzt. Das Baiser auf den Erdbeeren verteilen und anschließend bei 180 °C Ober- und Unterhitze etwa 10 Minuten im Backofen (alternativ mit einem Flambierbrenner) bräunen. Sofort servieren.

Omas Eierlikörkuchen

ZUTATEN: für 12 Stücke

FÜR DEN TEIG: 40 g Butter • 50 g Zucker • 3 Eier (Größe M) • 100 g Mandeln, gemahlen • 60 g Mehl • 1 TL Backpulver • 1 TL Zimt • 1 EL Rum • 2 cl Eierlikör • 1 Prise Salz • 50 g Zartbitterschokolade, gehackt • 1 EL neutrales Speiseöl für die Pfanne
FÜR DIE CREME: 600 g Sahne, aus dem Kühlschrank • 3 Päckchen Sahnesteif • 2 Päckchen Vanillezucker • 200 ml Eierlikör

ZUBEREITUNG: 45 Minuten **BACKZEIT:** 30 Minuten
KÜHLZEIT: 1 Stunde

1. Für den Teig die Butter mit dem Zucker in einer Schüssel aufschlagen. Die Eier nacheinander unterrühren. Die Mandeln mit Mehl, Backpulver und Zimt mischen und mit Rum, Eierlikör, Salz und gehackter Schokolade unterrühren.

2. Eine Pfanne (ø 28 cm) mit Öl fetten und bei mittlerer Temperatur erwärmen. Den Teig in die Pfanne geben, den Deckel auflegen und etwa 5 Minuten backen. Anschließend bei niedriger Temperatur weitere 20 Minuten mit geschlossenem Deckel backen. Den Boden wenden (siehe Grundwissen)

und nochmals 5 Minuten bei mittlerer Temperatur backen. Auf ein Kuchengitter stürzen und auskühlen lassen.

3. Den ausgekühlten Boden auf eine Kuchenplatte legen. Für die Creme die Sahne mit Sahnesteif und Vanillezucker in einer Schüssel steif schlagen. In einen Spritzbeutel geben und Tupfen auf den Kuchen spritzen.

4. Den Eierlikör zwischen die Sahnetupfen gießen. Den Kuchen etwa 1 Stunde im Kühlschrank kühl stellen, damit der Eierlikör fest wird. Dann servieren.

TIPP: *Für die klassische Variante die Sahne auf den Boden streichen, den Rand mit Tupfen verzieren und die Innenfläche komplett mit Eierlikör bedecken.*

Beerentorte mit Mascarponecreme

ZUTATEN: für 12 Stücke

FÜR DEN TEIG: 60 g Butter ● 3 Eier (Größe M) ● 100 g Zucker ● 1 Päckchen Vanillezucker
● 50 g Mehl ● 1 TL Backpulver ● 100 g Mandeln, gemahlen ● 1 EL neutrales Speiseöl für die Pfanne
FÜR DIE FÜLLUNG: 150 g Johannisbeeren ● 150 g Himbeeren ● 100 g Zucker
● 1 Vanilleschote ● 2 EL Speisestärke
FÜR DIE CREME: 200 g Mascarpone ● 100 g Sahne ● 1 Päckchen Sahnesteif ● 2 Päckchen Vanillezucker
FÜR DIE DEKORATION: 50 g gemischte Beeren

ZUBEREITUNG: 45 Minuten BACKZEIT: 20 Minuten

1. Für den Teig die Butter in einem Topf schmelzen. Die Eier mit Zucker und Vanillezucker in einer Schüssel schaumig schlagen. Das Mehl mit dem Backpulver und den Mandeln mischen und unter die Eier-Zucker-Mischung rühren.

2. Eine Pfanne (ø 28 cm) mit Öl fetten. Den Teig hineingeben, den Deckel auflegen und bei mittlerer Hitze 10 Minuten backen. Den Boden wenden (siehe Grundwissen) und nochmals 10 Minuten backen. Auf ein Kuchengitter stürzen und auskühlen lassen.

3. Für die Beerenfüllung die Beeren in einem Topf mit Zucker aufkochen. Die Vanilleschote längs halbieren und das Mark herauskratzen. Das Mark und die Vanilleschotenhälften zu den Beeren geben und 10 Minuten bei mittlerer Temperatur köcheln lassen.

4. Den Tortenboden auf eine Kuchenplatte geben und mit einem Tortenring umspannen. Die Speisestärke mit 2 EL kaltem Wasser verrühren. Den Topf mit den Beeren vom Herd nehmen, die Schoten entfernen und die Speisestärke unterrühren. Unter Rühren erneut aufkochen, bis die Masse geleeartig ist. Noch heiß auf dem Tortenboden verteilen und auskühlen lassen.

5. Für die Creme den Mascarpone schaumig aufschlagen. In einer separaten Schüssel die Sahne mit dem Vanillezucker und dem Sahnesteif halbsteif aufschlagen. Die Schlagsahne unter den Mascarpone heben. Die Creme auf der Beerenfüllung verteilen. Die Torte 30 Minuten kühl stellen.

6. Den Tortenring vorsichtig entfernen. Die Torte mit frischen Beeren dekorieren.

TIPP: *Statt Johannisbeeren und Himbeeren können auch andere Beeren für die Füllung verwendet werden.*

Klassiker

Zebrakuchen

ZUTATEN: für 12 Stücke

3 Eier (Größe M) • 200 g Zucker • 100 ml neutrales Speiseöl +
1 EL für die Pfanne • 100 ml Milch • 300 g Mehl • 1 TL Backpulver
• 4 EL Kakaopulver • 3 EL Milch (alternativ Cognac)

ZUBEREITUNG: 35 Minuten **BACKZEIT:** 25 Minuten

1. Die Eier mit dem Zucker in einer Schüssel schaumig aufschlagen. 100 ml Öl und die Milch dazugeben. Das Mehl mit dem Backpulver mischen und unterrühren. Zwei Drittel des Teigs beiseitestellen. Kakaopulver und 3 EL Milch (alternativ Cognac) unter das restliche Drittel Teig rühren.

2. Eine Pfanne (ø 28 cm) mit Öl fetten, aber noch nicht erhitzen. Einen Klecks hellen Teig in die Mitte der Pfanne geben und den Teig auseinanderfließen lassen. Danach einen Klecks dunklen Teig mittig auf den hellen Teig setzen und auseinanderfließen lassen. Auf diese Weise weiter verfahren, bis der Teig aufgebraucht ist.

3. Die Pfanne erhitzen und den Zebrakuchen bei mittlerer Temperatur 10 Minuten mit geschlossenem Deckel backen. Weitere 10 Minuten bei niedriger Temperatur garen, dann wenden (siehe Grundwissen) und von der anderen Seite nochmals 5 Minuten backen. Auf einem Kuchengitter auskühlen lassen.

Hefekranz
mit Mandelfüllung

ZUTATEN: für 12 Stücke

FÜR DEN HEFETEIG: 100 ml Milch ● 30 g Zucker ● 2/3 Würfel Hefe ● 350 g Mehl
● 1 Prise Salz ● 2 Eigelb (Größe M) ● 25 g Butter + etwas für die Pfanne
FÜR DIE MANDELFÜLLUNG: 200 g Mandeln, gemahlen ● 75 g Mandeln, grob gehackt
● 30 g Semmelbrösel ● 70 g Zucker ● 100 g Sahne
FÜR DEN GUSS: 3 EL Zitronensaft ● 250 g Puderzucker

ZUBEREITUNG: 45 Minuten **GEHZEIT:** 1 Stunde
BACKZEIT: 50 Minuten

1. Für den Hefeteig die Milch zusammen mit dem Zucker auf etwa 50 °C erwärmen und die Hefe darin auflösen. Das Mehl mit dem Salz, den Eigelben und der Butter in einer Schüssel mischen. Die Hefe-Milch-Mischung dazugeben und mit den Händen zu einem glatten Teig verkneten. Den Teig 60 Minuten abgedeckt an einem warmen Ort gehen lassen.

2. Für die Mandelfüllung die Mandeln mit Semmelbröseln, Zucker und Sahne mischen.

3. Den Hefeteig mit einem Nudelholz rechteckig (30 x 50 cm) ausrollen und längs in zwei gleich große Teile schneiden. Auf jede lange Seite der Hälften ganz an den Rand die Mandelmasse

geben und die Teigstücke jeweils von der langen Seite her einrollen. Die so entstandenen Rollen vorsichtig längs miteinander verdrehen und zu einem Kranz formen.

4. Den Mandelkranz in eine mit Butter gefettete Pfanne (ø 28 cm) geben und mit geschlossenem Deckel bei niedriger Temperatur 25 Minuten backen. Den Kranz wenden (siehe Grundwissen) und von der anderen Seite nochmals 25 Minuten backen. Auf einem Kuchengitter abkühlen lassen.

5. Für den Guss Zitronensaft mit Puderzucker verrühren und den Mandelkranz damit überziehen. Trocknen lassen und sofort servieren.

Karottenkuchen

ZUTATEN: für 12 Stücke

FÜR DEN BODEN: 200 g Karotten • 3 Eier (Größe M) • 200 g brauner Zucker • 1 TL Vanilleextrakt • 250 g Mehl • 1 TL Backpulver • 1 TL Zimt • ½ TL Muskatnuss • 100 ml neutrales Speiseöl + 1 EL für die Pfanne • 3 EL Joghurt • 2 EL Aprikosenkonfitüre • 150 g Walnüsse, grob gehackt
FÜR DIE CREME: 100 g Butter, zimmerwarm • 100 g Puderzucker • 150 g Frischkäse (Doppelrahmstufe), zimmerwarm • 1 EL Zitronensaft
FÜR DIE DEKORATION: 50 g Walnüsse, grob gehackt • 3 EL Zucker

ZUBEREITUNG: 50 Minuten **BACKZEIT:** 45 Minuten
KÜHLZEIT: 1 Stunde

1. Für den Boden die Karotten waschen, schälen und fein raspeln. Die Eier mit dem braunen Zucker und dem Vanilleextrakt in einer Schüssel schaumig schlagen. Mehl, Backpulver, Zimt und Muskatnuss mischen und mit 100 ml Öl, Joghurt und Aprikosenkonfitüre unterrühren. Anschließend die Walnüsse und Karottenraspel unter den Teig heben.

2. Eine Pfanne (∅ 28 cm) mit Öl fetten. Den Teig hineingeben, den Deckel auflegen und bei mittlerer Temperatur 5 Minuten backen. Die Temperatur reduzieren und abgedeckt weitere 30 Minuten backen. Den Boden wenden (siehe Grundwissen) und nochmals 10 Minuten backen. Auf ein Kuchengitter stürzen und auskühlen lassen.

3. Für die Creme die Butter mit dem Puderzucker schaumig aufschlagen, dann den Frischkäse esslöffelweise unterrühren. Zum Schluss den Zitronensaft dazugeben.

4. Die Creme mit einem Teigspatel auf den Boden streichen. Den Kuchen 1 Stunde in den Kühlschrank stellen.

5. Für die Dekoration den Zucker in einem Topf karamellisieren. Die Walnüsse dazugeben und unter ständigem Rühren in der Masse wälzen. Auf Backpapier geben und 30 Minuten abkühlen lassen. Danach in Stücke brechen und auf den Kuchen streuen.

Riesen-Cookie mit Schokotropfen

ZUTATEN: für 12 Stücke

250 g Butter • 250 g brauner Zucker • 1 TL Vanillezucker • 2 Eier (Größe M) • 200 g Mehl
• 1 TL Backpulver • ½ TL Natron • 1 TL Weißweinessig • 200 g Schokotropfen (backstabil)
• 1 EL neutrales Speiseöl für die Pfanne

ZUBEREITUNG: 20 Minuten **BACKZEIT:** 25–35 Minuten

1. Die Butter mit braunem Zucker und Vanillezucker in einer Schüssel schaumig aufschlagen. Die Eier nacheinander unterrühren, damit der Teig nicht gerinnt.

2. Das Mehl mit Backpulver und Natron mischen und mit dem Weißweinessig unter die Eiermischung rühren. Zum Schluss die Schokotropfen unterheben.

3. Eine Pfanne (ø 28 cm) mit Öl fetten und auf mittlerer Hitze erwärmen. Den Teig in die Pfanne geben, den Deckel auflegen und bei mittlerer Temperatur etwa 5 Minuten backen. Dann bei niedriger Temperatur weitere 20–30 Minuten mit geschlossenem Deckel backen, bis der Cookie gar ist. Den Riesen-Cookie am besten direkt aus der Pfanne verzehren.

Kaiserschmarrn mit Apfelmus

ZUTATEN: für 2 Portionen

FÜR DEN TEIG: 2 Eier (Größe M) • 100 g Puderzucker • 1 Prise Salz • 250 ml Milch • 3 EL neutrales Speiseöl + 1 EL für die Pfanne • 150 g Mehl • 2 EL Rum • 1 Päckchen Vanillezucker
FÜR DAS APFELMUS: 1 kg Äpfel (Sorte nach Wunsch) • 1 Bio-Zitrone • 1 Zimtstange • 4 EL Zucker

ZUBEREITUNG: 45 Minuten BACKZEIT: 15 Minuten

1. Für das Apfelmus die Äpfel waschen, schälen, vierteln und entkernen. Das Fruchtfleisch in 1–2 cm große Stücke schneiden. Die Zitrone waschen. Ein kleines Stück Zitronenschale mit dem Messer dünn abschneiden und beiseitelegen. Die Zitrone auspressen und den Saft mit den Apfelstücken mischen.

2. Zitronenschale, Zimtstange, Zucker und Apfelstücke mit 50 ml Wasser aufkochen und 15 Minuten mit geschlossenem Deckel bei niedriger Temperatur dünsten. Die Zitronenschale und die Zimtstange entfernen und die Äpfel im Topf fein pürieren. Das Apfelmus in eine Schüssel geben.

3. Für den Kaiserschmarrn die Eier trennen und die Eiweiße mit 50 g Puderzucker und dem Salz in einer Schüssel steif schlagen. Den Eischnee beiseitestellen.

4. Die Eigelbe in einer Schüssel schaumig aufschlagen. Die Milch, 3 EL Öl, Mehl, Rum und den Vanillezucker unterrühren. Zum Schluss den Eischnee vorsichtig unterheben. 5 Minuten ruhen lassen.

5. Eine Pfanne (ø 28 cm) bei hoher Temperatur erhitzen. Den Teig hineingeben und kurz anbraten lassen. Wenn der Teig fest ist, mit 2 Esslöffeln in Stücke reißen. Die Teigstücke fortlaufend wenden, bis alles angebraten ist.

6. Den Kaiserschmarrn mit Puderzucker bestäuben und mit dem Apfelmus sofort servieren.

Donauwelle

ZUTATEN: für 12 Stücke

FÜR DEN BODEN: 100 g Zartbitterschokolade ● 2 Eier (Größe M) ● 100 g Zucker
● 1 Päckchen Vanillezucker ● 170 g Mehl ● 2 TL Backpulver ● 80 ml Öl ● 80 ml Milch
● 30 Sauerkirschen, entsteint ● 1 EL neutrales Speiseöl für die Pfanne
FÜR DIE CREME: 1 Päckchen Vanillepuddingpulver ● 500 ml Milch ● 1 EL Zucker
● 250 g Butter, zimmerwarm
FÜR DEN GUSS: 200 g Zartbitterschokolade ● 2 EL neutrales Speiseöl

ZUBEREITUNG: 1 Stunde **BACKZEIT:** 40 Minuten
KÜHLZEIT: 1 Stunde

1. Am Vortag den Vanillepudding nach Packungsanleitung mit 500 ml Milch und nur 1 EL Zucker kochen. Auskühlen lassen.

2. Für den Boden die Schokolade über dem Wasserbad schmelzen. Eier mit Zucker und Vanillezucker in einer Schüssel schaumig aufschlagen. Mehl mit Backpulver mischen und mit Öl und der Milch unterrühren.

3. Eine Pfanne (ø 28 cm) mit Öl fetten, aber noch nicht erhitzen. Die Hälfte des Teigs in die Pfanne geben. Die Schokolade mit der anderen Hälfte verrühren und über den hellen Teig geben. Die Kirschen auf dem Teig verteilen und andrücken.

4. Die Pfanne bei mittlerer Temperatur erwärmen, den Deckel auflegen und 5 Minuten backen. Bei niedriger Temperatur abgedeckt 30 Minuten backen. Den Boden wenden (siehe Grundwissen) und nochmals 5 Minuten backen. Auf ein Kuchengitter stürzen und auskühlen lassen.

5. Für die Creme die Butter in einer Schüssel schaumig aufschlagen. Den Vanillepudding esslöffelweise zur Butter geben und gut rühren. Den Boden mit Tortenring auf eine Platte setzen. Die Creme darauf verteilen. 1 Stunde kühl stellen.

6. Für den Guss die Schokolade über dem Wasserbad schmelzen. Das Öl damit verrühren. Den Guss auf die Buttercreme streichen und mit einem Wellenmuster verzieren. Wenn die Schokolade fest ist, den Tortenring lösen, und die Donauwelle in Stücke schneiden.

Zitronen-Limo-Kuchen

ZUTATEN: für 12 Stücke

FÜR DEN TEIG: 4 Eier (Größe M) • 200 g Zucker • 1 Päckchen Vanillezucker • 300 g Mehl • 1 TL Backpulver • 120 ml neutrales Speiseöl + 1 EL für die Pfanne • 160 ml Zitronenlimonade

FÜR DEN ZUCKERGUSS: 1 Zitrone • 250 g Puderzucker

FÜR DIE DEKORATION: Zuckerstreusel

ZUBEREITUNG: 30 Minuten **BACKZEIT:** 30–35 Minuten

1. Für den Teig die Eier mit dem Zucker und dem Vanillezucker in einer Schüssel schaumig aufschlagen. Das Mehl mit dem Backpulver mischen und mit dem Öl und der Zitronenlimonade unterrühren.

2. Eine Pfanne (ø 28 cm) mit Öl fetten und bei mittlerer Temperatur erwärmen. Den Teig in die Pfanne geben, den Deckel auflegen und 10 Minuten backen. Bei niedriger Temperatur weitere 10 Minuten mit geschlossenem Deckel backen. Den Kuchen wenden (siehe Grundwissen) und nochmals bei mittlerer Temperatur 10–15 Minuten durchbacken. Auf ein Kuchengitter stürzen und auskühlen lassen.

3. Für den Zuckerguss die Zitrone auspressen und den Saft mit dem Puderzucker zu einem zähflüssigen Guss verrühren. Den Guss auf dem Kuchen verteilen und mit Zuckerstreuseln bestreuen.

TIPP: *Zum dekorativen Anrichten können mit Ausstechern Formen aus dem Kuchen gestochen werden.*

Schneckennudeln
mit Cranberrys

ZUTATEN: **für 12 Stücke**

FÜR DEN HEFETEIG: 150 ml Milch • 100 g Zucker • 1 Würfel Hefe • 500 g Mehl
• 1 Prise Salz • 2 Eier (Größe M) • 50 g Butter + etwas für die Pfanne
FÜR DIE FÜLLUNG: 200 g Cranberrys • 400 g Kokosraspel • 150 g Sahne
FÜR DEN GUSS: 3 EL Zitronensaft • 250 g Puderzucker

ZUBEREITUNG: 50 Minuten **GEHZEIT:** 45 Minuten
BACKZEIT: 50 Minuten

1. Für den Hefeteig die Milch mit dem Zucker auf etwa 50 °C erwärmen und die Hefe darin auflösen. Das Mehl mit dem Salz, den Eiern und der Butter in einer Schüssel mischen. Die Hefe-Milch-Mischung dazugeben und mit den Händen zu einem glatten Teig verkneten. Den Teig abdecken und 45 Minuten an einem warmen Ort gehen lassen.

2. Für die Füllung die Cranberrys mit den Kokosraspeln und der Sahne mischen und beiseitestellen.

3. Den Hefeteig mit einem Nudelholz quadratisch (50 x 50 cm) ausrollen und mit der Füllung flächig bestreichen.

Den Teig in acht Streifen schneiden und die Streifen zu Schnecken ausrollen.

4. Die Schnecken in eine mit Butter gefettete Pfanne (ø 28 cm) geben, den Deckel auflegen und bei niedriger Temperatur 25 Minuten backen. Die Schnecken wenden (siehe Grundwissen) und von der anderen Seite nochmals 25 Minuten backen. Auf einem Kuchengitter auskühlen lassen.

5. Für den Guss Zitronensaft mit Puderzucker verrühren und die Schnecken damit bestreichen. Trocknen lassen und sofort servieren.

Buchempfehlungen für Sie

TOPP 8004
ISBN 978-3-7724-8004-1

TOPP 8036
ISBN 978-3-7724-8036-2

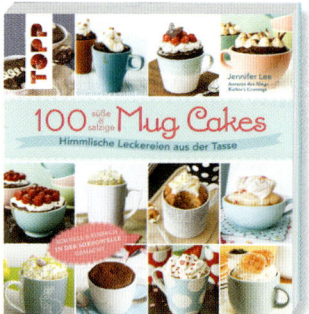

TOPP 8002
ISBN 978-3-7724-8002-7

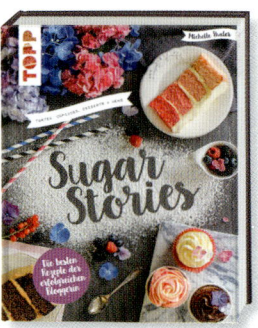

TOPP 8013
ISBN 978-3-7724-8013-3

TOPP 8014
ISBN 978-3-7724-8014-0

TOPP 8027
ISBN 978-3-7724-8027-0

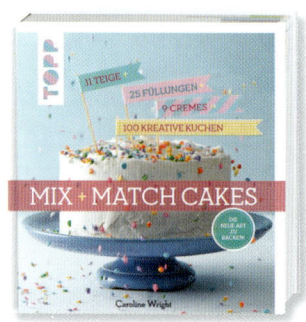

TOPP 8031
ISBN 978-3-7724-8031-7

TOPP 8026
ISBN 978-3-7724-8026-3

TOPP 8012
ISBN 978-3-7724-8012-6

Kreativ-Bücher finden Sie auf www.TOPP-kreativ.de

Weitere Ideen zum Selbermachen gesucht?

Lieblingsstücke von einfach bis einfach genial finden Sie bei TOPP! Lassen Sie sich auf unserer Verlagswebsite, per Newsletter oder in den sozialen Netzwerken von unserer Vielfalt inspirieren!

Website

Verlockend: Welcher Kreativratgeber soll es für Sie sein? Schauen Sie doch auf **www.TOPP-kreativ.de** vorbei & stöbern Sie durch die neusten Hits der Saison!

Newsletter

Bunt, fröhlich & überraschend: Das ist der TOPP-Newsletter! Melden Sie sich unter: **www.TOPP-kreativ.de/Newsletter** an & wir halten Sie regelmäßig mit Tipps & Inspirationen über Ihr Lieblingshobby auf dem Laufenden!

TOPP-Autoren

Sie wollen wissen, wer die „Macher" unserer Bücher sind? Wer Ihnen nützliche Tipps & Tricks gibt? Auf **www.TOPP-kreativ.de/Autor** warten jede Menge spannender Infos zum jeweiligen Autor auf Sie. Finden Sie heraus, welches Gesicht hinter Ihrem Lieblingsbuch steckt!

Extras zum Download in der Digitalen Bibliothek

Viele unserer Bücher enthalten digitale Extras: Tutorial-Videos, Vorlagen zum Downloaden, Printables & vieles mehr. Dieses Buch auch? Dann schauen Sie im Impressum des Buches nach. Sofern ein Freischaltcode dort abgebildet ist, geben Sie diesen unter **www.TOPP-kreativ.de/DigiBib** ein. Nach erfolgreicher Registrierung erhalten Sie Zugang zur digitalen Bibliothek & können sofort loslegen.

Facebook

Werden Sie Teil unserer Community & erhalten Sie brandaktuelle Informationen rund ums Handarbeiten auf **www.Facebook.com/Mitstrickzentrale** Wer sich für Basteln, Bauen, Verzieren & Dekorieren interessiert, ist auf **www.Facebook.com/Bastelzentrale** genau richtig!

YouTube

Sie wollen eine ganz neue Technik ausprobieren? Sie arbeiten an einem spannenden Projekt, aber wissen nicht weiter? Unsere Tutorials, Werbetrailer, Interviews & Making Of's auf **www.YouTube.com/Frechverlag** helfen Ihnen garantiert dabei, den passenden Ratgeber von TOPP zu finden.

Pinterest

Sie sind auf der Jagd nach den neusten Trends? Sie suchen die besten Kniffe? Die schönsten DIY-Ideen? All das & noch vieles mehr gibt es von TOPP auf **www.Pinterest.com/Frechverlag**

Instagram

Sie sind auf Instagram unterwegs? Super, TOPP auch. Folgen Sie uns! Sie finden uns auf **www.Instagram.com/Frechverlag** Möchten Sie uns an Ihrem Lieblingsprojekt teilhaben lassen? Am besten posten Sie gleich ein Foto mit dem Hashtag **#frechverlag** & wir stellen Ihr Werk gerne unserer Community vor – yeah!

Alles in einer Hand gibt's hier:

Kreativ-Bücher finden Sie auf www.TOPP-kreativ.de

Über die Autorin

Jasmin Schlaich verbrachte schon als Kind viel Zeit in der Küche, um gemeinsam mit ihrer Mutter wundervolle Kuchen zu backen. Heute verwöhnt sie vor allem Freunde und Kollegen mit ihren Backkreationen. Seit 2014 teilt sie ihre Leidenschaft fürs Backen, Fotografieren und Reisen auch auf ihrem Blog „Oh, wie wundervoll" (**ohwiewundervoll.com**). „Pfannen-Kuchen" ist ihr zweites Backbuch.

Dank

Wir danken der Firma Le Creuset für die großzügige Pfannenspende für die Fotoarbeiten.

Impressum

Rezepte: Jasmin Schlaich

Fotos: frechverlag GmbH, 70499 Stuttgart; Olga Brecht (Autorenfoto); lichtpunkt, Michael Ruder, Stuttgart (alle übrigen)

Illustrationen: Designed by Freepik.com; fotolia

Covergestaltung und Layout: Claudia Adam

Satz: Heike Köhl

Lektorat: Christine Schlitt

Produktmanagement: Christine Rauch

Druck und Bindung: DZS Grafik, Slowenien

1. Auflage 2017

© 2017 frechverlag GmbH, Turbinenstraße 7, 70499 Stuttgart

ISBN 978-3-7724-8034-8 · Best.-Nr. 8034